Christoph Stockert

Die religiöse Umwelt des Paulus im paganen Kontext

GRIN Verlag

Bibliografische Information der Deutschen Nationalbibliothek:

Die Deutsche Bibliothek verzeichnet diese Publikation in der Deutschen National-
bibliografie; detaillierte bibliografische Daten sind im Internet über http://dnb.d-
nb.de/ abrufbar.

Impressum:

Copyright © 2011 GRIN Verlag GmbH
Druck und Bindung: Books on Demand GmbH, Norderstedt Germany
ISBN: 978-3-656-03163-5

Dieses Buch bei GRIN:

http://www.grin.com/de/e-book/180184/die-religioese-umwelt-des-paulus-im-
paganen-kontext

Fakultät für Kultur- und Geisteswissenschaften

Philosophisch-Theologisches Seminar

Schriftliche Ausarbeitung

zum Referat

Die religiöse Umwelt des Paulus im paganen Kontext

im Seminar

Paulinische Briefe

Sommersemester 2011

Vorgelegt von:

Christoph Stockert

Inhalt

1 Einleitung

Der hellenistische Jude Paulus wirkte nach seiner Bekehrung auf dem Weg nach Damaskus als Apostel der Nichtjuden, welche auch als Heiden[1] bezeichnet wurden. Im Rahmen seiner Heidenmission wirkte Paulus als Apostel, ohne dem historischen Jesus von Nazareth - im Gegensatz zu den übrigen Aposteln - jemals begegnet zu sein. Er erkannte die Notwendigkeit einer sorgfältig geplanten, große Teile des Römischen Reiches betreffenden Missionstätigkeit, um die Heiden zu bekehren und somit die Voraussetzungen für die verzögerte Wiederkehr Jesu zu schaffen.[2] Paulus gelang es schließlich, das Christentum erfolgreicher als alle anderen Apostel zu verbreiten und es theologisch angemessen zu fundieren.[3] Auf seinen Missionsreisen in Kleinasien und Griechenland begegnete ihm eine Vielfalt an heidnischen Religionsformen, da die Heiden keinesfalls Menschen waren, denen jegliche Art von Religion völlig fremd war. Im Verlaufe der vorliegenden Arbeit sollen einige der verbreitetsten Formen heidnischer Religiosität im Zusammenhang mit der Mission des Paulus dargestellt werden. Hinsichtlich Aufbau und Inhalt orientiert sich die Arbeit an dem zu diesem Thema angefertigten Referat. Zunächst sollen aus dem Bereich des öffentlichen Kultes die Verehrung der olympischen Götter, die Opferpraxis sowie das religiöse Vereinswesen näher beleuchtet werden. Anschließend erfolgt die Auseinandersetzung mit dem Mysterienkult und der Mantik, wobei die Betrachtung der Mantik sich auf die Darstellung des Orakelwesens beschränken wird. Den Schwerpunkt der Ausarbeitung stellt jedoch die darauf folgende Erörterung des Kaiserkultes dar. So ist gewährleistet, dass die vor dem Kaiserkult genannten Themenbereiche dennoch eine angemessene Würdigung erfahren und darüber hinaus einen ersten Überblick über gängige heidnische Religionsformen geben können. Des Weiteren leiten sie schließlich über zum Bereich des Kaiserkultes als Hauptteil und Schwerpunkt der Arbeit. Als Literaturgrundlage dienen vorwiegend die Ausführungen von Heininger[4] sowie die darin angegebenen Literaturangaben zur Vertiefung[5].

---

[1] nach Peters findet sich der Ursprung des Begriffs *Heiden* im Alten Testament und meint „ Menschen, die nicht zum Heilsvolk Israel gehören. Sprachgeschichtlich geht das Wort aus die lateinische Bezeichnung und Nichtrömer (pagani) zurück. Dabei wurde der Begriff Heide vor allem in Sinne kultureller Rückständigkeit gebraucht" (Peters 2008, S. 97).
[2] vgl. Prollius/Zigarida 2002, S. 70.
[3] vgl. Jung 2010, S. 19.
[4] Heininger 2006.
[5] Klauck 1995; Klauck 1996; Clauss 2001.

2 Der öffentliche Kult

Das heidnische Götterverständnis ging davon aus, dass der Himmel eine Vielzahl von Gottheiten beherbergt und war daher polytheistisch geprägt.[6] Diese Götter, die jeweils über unterschiedliche Funktionen verfügten, unterschieden sich von den Menschen in dreifacher Hinsicht durch „(a) überlegenes Wissen, (b) überlegene, wenn auch nicht völlig grenzenlose Macht und (c) Unsterblichkeit."[7] Die Anzahl der Götter, denen eine Verehrung allgemeiner Art zuteil wurde, hielt sich in Grenzen. Allerdings war es theoretisch möglich, eine unendliche Anzahl an Gottheiten zu verehren, da auch abstrakte Begriffe eine Personifizierung erfahren konnten, wie z.B. Dike, die Gerechtigkeit und Tochter des Zeus.[8] Systematisch dargestellt wurden die Götter meist durch Listen, die jeweils zwölf Gottheiten enthielten. Die Auflistungen der olympischen Götter können hier als die bekanntesten aufgefasst werden. So zählten auch nur zwölf Gottheiten zu den olympischen Göttern, wobei sich die Zusammensetzung aufgrund der variierenden Bedeutung einzelner Götter zeitweilig ändern konnte.[9] Die bedeutendsten olympischen Götter sind in der folgenden Abbildung dargestellt:

Abb. 01   Die griechischen Götter des Gottesbergs Olymp[10]

(ihre jeweilige römische Bezeichnung ist in Klammern gesetzt)

1. *Zeus (Jupiter)*, der Vater der Götter und Menschen;
2. *Hera (Juno)*, seine Gattin;
3. *Poseidon (Neptun)*, Bruder des Zeus und Herr der Meere;
4. *Athene (Minerva)*, Schutzgöttin der Stadt Athen, nach dem Mythos aus dem Haupt des Zeus entsprungen; eine bewaffnete Jungfrau und Kämpferin, aber auch fürsorgliche Helferin der Frauen;
5. *Apollo*, Sohn des Zeus, u.a. als Orakelgott in Delphi zu Hause, meist als blühender Jüngling dargestellt;
6. *Artemis (Diana)*, seine Zwillingsschwester, Herrin der Tiere und Göttin der Jagd;
7. *Aphrodite (Venus)*, die Göttin der Liebe;
8. *Hermes (Merkur)*, der Götterbote, Patron der Kaufleute und der Diebe; er geleitet auch die Seelen der Toten zur Unterwelt;
9. *Hephaistos (Vulcanus)*, der Schmied, ein Gott des Feuers und des Handwerks;
10. *Ares (Mars)*, der grimmige Kriegsgott – Schon etwas davon abgesetzt [...];
11. *Demeter (Ceres)*, die Göttin des Korns;
12. *Dionysos (Bacchus)*, der Gott des Weins.

---

[6] vgl. Heininger 2006, S. 45.
[7] Klauck 1995, S. 39.
[8] vgl. Klauck 1995, S. 39.
[9] Davis 2006 2006, S. 251.
[10] übernommen aus Klauck 1995, S. 39.

Die Götter wurden in eigens für sie errichteten Tempeln verehrt, welche jedoch keine einheitliche Struktur aufwiesen. Die Haltung gegenüber den Göttern war überwiegend rein pragmatischer Natur:

> „Man verhandelte mit ihnen nach dem Prinzip des *do, ut des* und schloß gleichsam Verträge ab. Gelobte man [...] einen Tempel, so war damit die Erwartung verbunden, daß die entsprechende Gottheit dem Votum vertraute und in Annahme des von den Menschen angebotenen Vertrages eine Vorleistung von Hilfe erbrachte."[11]

Sobald die göttliche Unterstützung erfolgt war, wurde die Abmachung von Seiten der Menschen eingelöst. Klauck stellt die idealtypische Form eines antiken Tempels in folgender Art und Weise dar:

> „In der Mitte eines langgestreckten Rechtecks , zu dem Stufen emporführen, liegt ein geschlossener Raum, die *cella*, die durch eine Öffnung in der Decke oder durch die hohe, nach Osten gehende Tür ihr Licht bezieht. Hier steht an der Stirnwand, wiederum etwas erhöht zumeist, die Statue des Gottes oder der Göttin, denen der Tempel zugeordnet ist (manchmal waren es auch zwei oder seltener mehr Gottheiten."[12]

Das Innere des Tempels war als Wohnstätte für die Gottheit gedacht. Der Zutritt zu diesem Bereich war meist nur den Priestern vorbehalten.[13] Draußen vor dem Tempel war jedoch das religiöse Leben im eigentlichen Sinne zu beobachten. Hier war der Opferaltar mit dem Opferfeuer errichtet. Die Schlachtung des Opfertieres wurde allerdings – vor allem, wenn es sich um größere Tiere handelte – nicht auf dem Opferaltar vollzogen sondern fand in der Nähe statt. Es reichte aus, den Opferaltar mit dem Blut des Tieres zu besprengen und heilige Gerste sowie den Anteil der Götter im Opferfeuer zu verbrennen. Die Zubereitung und der Verzehr des Opferfleisches erfolgten entweder im Freien oder in Restaurants, über die einige Tempel selbst verfügten.[14] Welche Tierart für die Opferzeremonie ausgewählt wurde, hing von der zu verehrenden Gottheit ab. So wurde einem Großteil der Götter Schafe, Ziegen und Rinder geopfert. Eine Ausnahme bildete beispielsweise Demeter, die Göttin des Korns, die aus traditionellen Gründen Ferkel sowie Schweine erhielt.[15] Neben dieser Art von Opfer gab es auch Gabenopfer, die z.B. Wein oder zubereitete Speisen in Form von Brot oder Kuchen enthielten und auch Trankopfer, die als eine der ältesten Opferformen betrachtet werden

---

[11] Rosenberger 1998, S. 18.
[12] Klauck 1995, S. 35.
[13] vgl. Heininger 2006, S. 46.
[14] vgl. Klauck 1995, S. 36.
[15] vgl. Heininger 1995, S. 48.

können.[16] Die bisherige Darstellung der Religionsausübung und Opferpraxis erfolgte aus der Perspektive von Stadt und Staat. Diese Vollzüge der öffentlichen Religionsausübung wurden jedoch auch nahezu unverändert von privaten Vereinen übernommen und dort angewendet. Überwiegend durch die Auflösung der Polis begründet, vollzog sich das gesellschaftliche Leben zunehmend auf der Vereinsebene.[17] Die Vereinsnamen waren meist auf den Namen der zu verehrenden Gottheit zurückzuführen:

> „Besonders beliebt war der Gott des Weins, Dionysos, aus durchsichtigen Gründen: Seine Verehrung legitimierte zum Abhalten von Trinkgelagen. Das schlägt sich nieder in Vereinsnamen wie […] 'Dionysiasten', und ähnlichen Wortbildungen: 'Sarapisten' sind ein Verein zu Ehren des graeco-ägyptischen Gottes Sarapis, 'Soteriasten' ein Verein zu Ehren eines Rettergottes."[18]

In solchen Vereinen konnten auch Gottheiten verehrt werden, die im öffentlichen Kult aus Sicht von Stadt und Gemeinwesen eher weniger Berücksichtigung fanden. Im Vereinsleben stellten die Opferfeier und der anschließende Verzehr integrale Bestandteile dar, die hinsichtlich ihrer Häufigkeit von der jeweiligen Satzung des Vereins abhingen.[19] Eine Vielzahl dieser religiösen Vereine konnte nur aufgrund eines solventen Mäzens existieren, der die Infrastruktur und das Stiftungskapital zur Verfügung stellte.

3   Der Mysterienkult

Mysterien stellten in religiöser und mentaler Hinsicht eine bemerkenswerte Rolle dar. Das Geheimnis, welches das griechische Wort *mysterion* zur Bedeutung hat, war kennzeichnend für ein Vereinswesen, das sich im Gegensatz zum öffentlichen Religionsvollzug im Verborgenen hielt und besonderen Wert auf die Trennung von Eingeweihten und Nichteingeweihten legte.[20] Angehörige solcher Mysterienkulte hegten ein Bedürfnis nach einer gewissen Intimität im Bereich der Religion. Bei öffentlichen religiösen Großveranstaltungen konnte dieser Anspruch jedoch ebenso wenig erfüllt werden, wie im alltäglichen Leben.[21] Die öffentlichen religiösen Vereine konnten diesem Anliegen ebenfalls nicht dienen, da sie prinzipiell keiner Zulassungsbeschränkung unterlagen. Die Mitgliederzahl

---

[16] vgl. Heininger 2006, S. 47 f..
[17] vgl. Klauck 1995, S. 50.
[18] Klauck 1995, S. 50.
[19] vgl. Klauck 1995, S. 50.
[20] vgl. Kloft 2006 , S. 7.
[21] vgl. Klauck 1995, S. 80.

wurde allenfalls durch die Größe des Gebäudes, in dem sich das Vereinsleben abspielte, begrenzt. Wenngleich die Mysterienkulte sich von vielen anderen religiösen Gemeinschaften unterschieden, verfügten sie in vielerlei Hinsicht über die gleichen kultischen Elemente, wie z.B. Opferhandlungen, gemeinschaftliche Mähler und die Verehrung bestimmter Gottheiten. Die Selektion, welche „das Drinnen und das Draußen scheidet"[22], wurde durch die Einweihung oder Initiation vollzogen. Hierbei unterschieden sich jedoch die jeweiligen Vorgehensweisen und Zulassungsbedingungen der verschiedenen Mysterienkulte erheblich.[23] Zunächst standen persönliche Vorbereitungen, beispielsweise Gebete, Fasten und sexuelle Enthaltsamkeit im Vordergrund.[24] Der nächste Schritt führte schließlich zum eigentlichen Initiationsritual und konnte

„das Verbinden der Augen, das Durchschreiten dunkler und gefährlicher Wegstrecken, Fesselungen, Schläge, Geißelungen, bis hin zum symbolischen Tod durch Niederlegen oder Hinabsteigen in eine Grube [bedeuten, C.S.]."[25]

Allerdings traf es keinesfalls zu, dass der Einzelne, nachdem er von Angehörigen eines bestimmten Mysterienkultes angesprochen worden war, mehr oder weniger gezwungen wurde, diesem auch beizutreten. Diese Entscheidung bezüglich Eintritts und der damit verbundenen Initiation oblag ausschließlich ihm selbst.[26] Die bekanntesten Einzelkulte stellen unter Bezugnahme auf Klauck die Mysterien von Eleusis, sowie die Dionysos-, Attis-, Isis- und Mithrasmysterien dar.[27] Aufgrund des vorgegebenen Umfanges der Arbeit, kann auf die einzelnen Mysterien jedoch nicht weiter eingegangen werden. Schließlich ist noch zu bemerken, dass jedem Mysterienkult ein eigener Göttermythos zugrunde lag. Durch die Partizipation am Schicksal und dem ewigen Leben der verehrten Gottheit versprach man sich Unsterblichkeit an ihrer Seite.[28] Es ging letztendlich darum, der eigenen Furcht vor Krankheiten und Tod wirksam zu begegnen.

---

[22] Kloft 2006 , S. 89.
[23] vgl. Klauck 1995, S. 81.
[24] vgl. Kloft 2006, S. 89.
[25] Kloft 2006, S.89.
[26] vgl. Heininger 2006, S. 52.
[27] vgl. Klauck 1995, S. 77.
[28] vgl. Penz 2006, S. 19.

4 Mantik

Während die Mitgliedschaft in Mysterienvereinen die Zeit nach dem Tod im Blick hatte, galt es jedoch auch, die Sorgen und Nöten des alltäglichen Lebens zu bewältigen. Dazu bediente man sich in der Regel der Orakelbefragung, die dem Feld Mantik zuzuordnen ist. Dieser griechische Begriff meint eine Art von Wahn in berauschtem Zustand und deutet daraufhin, dass ein Einblick in die Zukunft nur in einer solchen Verfassung erhalten werden kann.[29] Somit kann die Mantik als Seherkunst verstanden werden, der es um die „Erforschung und Verkündigung zukünftiger Geschehnisse oder verborgener Eigenschaften [geht, C.S.]".[30] Die berühmteste Orakelstätte ihrer Art stellte zweifellos das Orakel in Delphi dar. Dort fungierten Seherinnen, die auch als Pythien bezeichnet wurden, als Medium zwischen den Ratsuchenden und der Gottheit des Orakels, welche in diesem Fall Apoll darstellte. Unterstützt wurden die Pythien durch Priester, die sie zur Prozession in den Tempel der Orakelstätte begleiteten. Die Gründe, weshalb man ein Orakel aufsuchte, konnten vielfältig sein. So konnte es unter Umständen um die Frage gehen, ob man Ackerland erwerben, heiraten oder eine Reise ins Ausland unternehmen soll.[31] Die Orakelsprüche beanspruchten jedoch in der Regel keine bedingungslose Folgsamkeit und gaben selten den alleinigen Ausschlag für eine Entscheidung.[32] Sie waren eher als Entscheidungshilfe zu verstehen und sorgten für eine vertrauensvolle Atmosphäre im Hinblick auf anstehende schwerwiegende Entscheidungen.

5 Der Kaiserkult

Die Menschen in der Antike verfügten vor allem im Mittelmeerraum über die Vorstellung, dass Gottheiten auch auf der Erde anwesend sein können.[33] Diese Haltung führte im 4. Jh v. Chr dazu, besonders erfolgreiche politische und auch militärische Führungspersönlichkeiten eine Art kultische Verehrung zuteil werden zu lassen, indem ihnen Tempel errichtet, Priester gestellt und Opfer dargeboten werden.[34] Für die historische Entwicklung des römischen Kaiserkultes sind in erster Linie Julius Caesar und sein Adoptivsohn Octavian, der spätere Kaiser Augustus, von Bedeutung. Die Vergöttlichung Caesars im Sinne einer „Überhäufung

---

[29] vgl. Klauck 1995, S. 147.
[30] Rupprich 1973, S. 453
[31] vgl. Klauck 1995, S. 156.
[32] vgl. Klauck 1995, S. 147.
[33] vgl. Clauss 2001, S. 19.
[34] vgl. Heininger 2006, S. 63.

mit kultischen Ehren"[35] begann mit seinem Sieg über Pompeius in Nordafrika und Spanien. Aus diesem Grund wurde seine Statue im Heiligtum des Quirinus aufgestellt.[36] Darüber hinaus sollte Caesar nach dem Willen des Senats neben weiteren Ehrungen noch einen eigenen Tempel nebst Priester erhalten, wozu es aufgrund seiner Ermordung nicht mehr kam[37]. Allerdings wurde der Monat *Juli* nach ihm benannt.[38] Nach Caesars Tod ließ Octavian ihn zu den Staatsgöttern erheben und konnte sich folglich als Divi filius, als „Sohn des Vergöttlichten"[39] bezeichnen. Dieses Verhalten war allerdings nicht unproblematisch, da Octavian eben nicht der leibliche Sohn Caesars war. So stellt Clauss fest:

> „Der Staatsgott Caesar geriet nach seinem Tod rasch in die politischen Streitigkeiten, da er von Octavian als Legitimation seiner Rolle im Staat genutzt wurde, eine Rolle, die durch die Tatsache, daß er aufgrund eines komplizierten Verfahrens der Sohn Caesars und damit einer Gottheit war, über alle Maßen gefestigt wurde."[40]

Im Bezug auf die Verehrung seiner Person, ging Octavian, nachdem er zum Kaiser Augustus ausgerufen worden war, unterschiedliche Wege. In Rom ließ er es nicht zu einer allzu ausgeprägten Verehrung formeller Art mit Statuen und Tempeln kommen, wohingegen er im Osten nachsichtiger war:

> „Im Jahre 29 v. Chr. gestattet[e, C.S.] er, in Ephesus einen Tempel für die *Dea Roma* und den *Divus Julius* zu errichten, in Pergamon zur gleichen Zeit einen Tempel für die Göttin Roma und ihn selbst."[41]

Augustus wird im Jahr 14 n. Chr. endgültig in den Kreis der Staatsgötter aufgenommen.[42] Sein Nachfolger Tiberius sorgt für die Ausbreitung des Kaiserkultes. Tiebrius' Verständnis der eigenen Göttlichkeit ist schwer zu fassen, da er in dieser Hinsicht regelmäßig Entscheidungen traf, die einander widersprachen.[43] Claudius und Nero, die beiden Kaiser, unter deren Herrschaft Paulus im Wesentlichen seine Heidenmission vollzog, übten sich hinsichtlich des Kaiserkultes überwiegend in Zurückhaltung, da sie noch von den Ausschweifungen ihres Vorgängers Caligula geprägt waren.[44] Caligula versuchte es unter

---

[35] Klauck 1996, S. 45.
[36] vgl. Klauck 1996, S. 46
[37] vgl. Heininger, 2006, S. 64.
[38] vgl. Klauck 1996, S. 46.
[39] Eck 2006, S. 31.
[40] Clauss 2001, S. 54.
[41] Klauck 1996, S. 50.
[42] vgl. Klauck 1996, S. 49.
[43] vgl. Clauss 2001, S. 84.
[44] vgl. Heininger 2006, S. 65.

anderem durchzusetzen, dass die Senatoren seine Hände oder Füße küssen mussten, womit er jedoch scheiterte. [45] Der Kaiserkult ließ es jedenfalls zu, dass aus Menschen Gottheiten werden konnten, da der Unterschied des Kaisers zum höchsten Gott gewissermaßen aufgehoben wurde. [46] Dies beeinflusste die Vorstellung von Jesus Christus sowie seine Darstellungen – vor allem bildlicher Art - in entscheidender Art und Weise. Die römischen Kaiser wurden als Menschen vergöttlicht. Hier lässt sich unschwer eine Parallele zu Jesus von Nazareth erkennen. Eine weitere Gemeinsamkeit stellt die Fähigkeit zur Wunderheilung dar. So ist von Kaiser Vespasian überliefert, dass er in Alexandria die Augen eines Blinden mit seinem Speichel benetzte und ihm somit wieder das Augenlicht schenkte. [47] Auch hier drängt sich ein Vergleich zu Jesus von Nazareth geradezu auf.

6 Zusammenfassung und Fazit

Anlässlich seiner Heidenmission, die für die Entstehung und Verbreitung des Christentums eine überragende Bedeutung hat, wurde Paulus mit unterschiedlichsten Formen heidnischer Religionsausübung konfrontiert. Er hatte sich zwar als Apostel den Nichtjuden verschrieben, aber traf dennoch nicht auf Menschen, die über keinerlei religiöse Prägung verfügten. Durch diese Formen heidnischer Religiosität konnten auch manche Konflikte entstehen. Dies führte jedoch auch dazu, dass sich Paulus bestimmter Angelegenheiten annahm, sie aus seiner Sicht darstellte, und einige Verfahrensanweisungen entwickelte, wie z.B. im Zusammenhang mit dem Essen des Götzenopferfleisches[48] oder dem Abhalten des Abendmahls[49]. Besondere Bedeutsamkeit für das Christentum im Hinblick auf das Verständnis Jesu und seine Darstellung in der Öffentlichkeit hat zudem auch der Kaiserkult erlangt, der es ermöglichte, auch Menschen auf Erden als Götter zu betrachten. Darstellungen von Jesus Christus, die vom Kaiserkult geprägt sind, finden sich bei vielen Bauwerken sowie in einigen Malereien und Mosaiken. Die Auswirkungen des Kaiserkultes sind bis heute spürbar.

---

[45] vgl. Clauss 2001, S. 91.
[46] vgl. Karrer 1998, S. 53.
[47] vgl. Theißen/Merz 2001, S. 284.
[48] vgl. 1 Kor 8, 1-13.
[49] vgl. 1 Kor 11, 17-22.

Literaturverzeichnis

Clauss, Manfred (2001): Kaiser und Gott: Herrscherkult im römischen Reich. München/Leipzig: K. G. Saur.

Davis, Keneth C. (2006): Wo hat Prometheus das Feuer versteckt: Alles, was Sie über die Mythen der Welt wissen sollten. Bergisch Gladbach: Ehrenwirth.

Eck, Werner (2006): Augustus und seine Zeit. München: C. H. Beck, 4. Aufl.

Evangelische Kirche in Deutschland (Hrsg.) (1984): Die Bibel: Nach der Übersetzung Martin Luthers. Stuttgart: Deutsche Bibelgesellschaft.

Heininger, Bernhard (2006): Die religiöse Umwelt des Paulus. In: Wischmeyer, Oda (Hrsg.): Paulus: Leben – Umwelt – Werk – Brief. Tübingen/Basel: A. Franke, S. 44-68

Jung, Martin H (2010): Grundwissen Christentum. Bd: 3. Kirchengeschichte. Göttingen: Vandenhoeck & Ruprecht.

Karrer, Martin (1998): Grundrisse zum neuen Testament: Jesus Christus im neuen Testament. Göttingen: Vandenhoeck & Ruprecht.

Klauck, Hans J. (1995): Die religiöse Umwelt des Urchristentums. Bd: 1. Stadt- und Hausreligion, Mysterienkulte, Volkglaube. Stuttgart/Berlin/Köln: W. Kohlhammer.

Klauck, Hans J. (1996): Die religiöse Umwelt des Urchristentums. Bd: 2. Herrscher- und Kaiserkult, Philosophie, Gnosis. Stuttgart/Berlin/Köln: W. Kohlhammer.

Kloft, (2006): Mysterienkulte der Antike: Götter, Menschen, Rituale. München: C. H. Beck, 3. Aufl.

Penz, Isolde (2006): Wege zum Göttlichen: Die Sehnsucht nach dem Einssein mit dem Göttlichen in Mythos, Gnosis, Logos und im Evangelium nach Johannes. Berlin: Lit.

Peters, Ulrike (2008): Wörterbuch Religion: Grundwissen von A-Z. München: Compact.

Prollius, Michael von/Tsigarida, Isabella (2003): Der historische Jesus, das frühe Christentum und das Römische Reich. Norderstedt: Books on Demand.

Rosenberger, Veit (1998): Gezähmte Götter: Das Prodigienwesen der römischen Republik. Stuttgart: Franz Steiner.

Rupprich, Hans (1973): Vom späten Mittelalter bis zum Barock. Das Zeitalter der Reformation 1520 – 1570. Bd: 4. Hrsg. von Helmut de Boor/Richard Newald. München: C. H. Beck.

Theißen, Gerd/Merz Annette (2001): Der historische Jesus: Ein Lehrbuch. Göttingen: Vandenhoeck & Ruprecht, 3. Aufl.